LETTRE

D'UN DÉSERTEUR

AU COMTE

DE BOURMONT,

MINISTRE DE LA GUERRE.

Leurs noms seront en exécration, tant que le
peuple français formera une nation.
(*Mémoire de* 1815, page 184.)

PRIX : 75 cent.

PARIS.

AU PALAIS-ROYAL,

CHEZ LES MARCHANDS DE NOUVEAUTÉS.

LETTRE

D'UN DÉSERTEUR

AU COMTE

DE BOURMONT,

MINISTRE DE LA GUERRE.

***

Monsieur,

Ou'votre Excellence, à ce que j'ai vu dans la *Gazette* que notre curé m'envoie chercher tous les matins de bonne heure à la poste, afin qu'il en prenne lecture. Monsieur, je me fais le plaisir de vous rappeler une promesse que vous m'avez donnée à certain moment que nous nous avons trouvés ensemble; et comme il est possible que je ne sois pas bien clair de prime-abord, je vais parler plus franchement.

Je suis un troupier qui a servi pendant sept ou huit jours dans les drapeaux du *petit caporal*, et à point nommé, que je faisais partie du régiment que vous aviez le commandement à Waterloo. Je ne m'avais jamais senti un goût bien décidé pour la carrière de l'armée, et je cherchais à cette époque tous les moyens possibles, à celle fin d'échapper aux balles des Anglais, quand j'ai eu l'honneur que vous m'en avez donné l'exemple.

D'après la peinture de ma personne, que vous venez de lire, vous avez déjà, sans aucun doute, reconnu Jean-François, qui a déserté avec vous, un colonel Clouet et son complice Villoutreys, de l'état-major, qui se sauvaient presqu'aussi vite que son cheval, à cause qu'ils avaient peut-être une peur semblable à vous.

Je vous dirai donc, pour être plus court dans la présente, que je vous félicite du pas de charge que vous avez fait vers l'autorité. Je ne sais pas s'il faut avoir de bonnes jambes pour occuper votre place; mais je suis loin d'ignorer qu'elle doit vous faire bien du plaisir, d'après le bruit qui s'en répand dans toutes les provinces que je demeure.

Il n'en est pas de même à mon égard : depuis le moment que je suis rentré au foyer de mes parens, tous les malheurs d'une personne ont été faits pour moi. D'abord, mon cœur, qui n'est pas plus de pierre qu'un autre, s'était soulevé pour une jeune fille des environs que je restais. Comme je suis d'un âge qui convient à se marier, je veux lui prouver l'état de la chose, en lui demandant le réciproque ; elle me répond que j'en parle à son père, et que je verrai à quoi m'en tenir.

Je me le fait pas dire deux fois, et j'arrive à la chaumière de celui que la progéniture devait être ma femme.

Il est bon de vous instruire ici que l'individu en question est un ancien soldat du peloton de M. Cambronne, qui sont tous morts sans se rendre, à l'exception de plusieurs, que la vie n'est pas restée sur-le-champ de bataille.

Je vous salue, mon brave ! que je lui dis : je viens vous proposer une idée qui m'est bien agréable, c'est celle que j'aime votre fille, et qu'elle m'a dit qu'avec votre permission nous pourrions entreprendre de nous unir tous les deux.

Je n'avais pas encore achevé mon compliment, qu'il relève ses moustaches, et qu'il me fait des yeux pour me répondre à rebours de mes intentions; mais il n'a pas le temps de s'expliquer, pourquoi, que sa fille arrive nous interrompre à l'instant même? « Viens, qu'il lui dit; je veux te dicter la réponse que tu donneras à la brute qui me demande un trésor : si jamais cet homme a des enfans il pourra la leur donner en lecture. » C'est lui qui m'a dit ça, et je m'en souviens, comme de vous, mon Excellence.

J'étais resté tout coi, et d'autant plus que je n'avais pas bien compris qu'est-ce qu'il avait prononcé; j'y réfléchissais, aussitôt que Jeannette m'a remis le chiffon de papier que je vous envoie de sa main, pour ne pas le relire dans la transcription.

« Un guerrier ceignit l'épée pour conquérir la plus belle couronne du monde ; mais, loin de borner là son ambition, le guerrier mesura les limites de la France, et les trouva trop rapprochées; la quantité d'air qu'il y respirait lui parut trop faible pour alimenter sa grande âme : l'univers était le trône qu'il avait choisi.

» Pendant long-temps la poussière de ses pieds a terni les diamans des sceptres ennemis; pendant long-temps il dit : je veux, et les rois obéirent. Tant qu'il n'eût à lutter que contre des hommes, le mot victoire était toujours le premier que son armée faisait entendre après une bataille; mais il fallut combattre une puissance plus redoutable : les élémens seuls, et pour la première fois, nous ont fait mettre bas les armes.

» Cependant l'espoir brillait toujours à nos yeux, et la mort n'était encore qu'à la moitié de son ouvrage. Waterloo nous attendait.

» Enfin, les boulets de vingt nations éclaircissent nos rangs : dix armées sont devant la nôtre; mais nous multiplions les coups, et l'agilité supplée au nombre; le triomphe est mis dans la balance, l'habitude nous le promet, nos yeux l'aperçoivent............ Qu'il est habile, ce chef qui nous commande! que ses plans sont tracés avec prudence! que ses manœuvres sont belles!..... Mais pourquoi tout à coup ce changement dans nos positions? pourquoi chercher plus loin la gloire dont on se couvre ici? Pourquoi?..... des traîtres!..... des hommes que la France renie viennent de passer à l'ennemi..... Ils l'instruisent en ce moment à faire couler le sang de leurs frères......

» Honte à vous, misérables fléaux du pays où vous avez reçu le jour! Ne venez jamais nous demander du pain, vous seriez obligés de le disputer à ceux qui, seuls, n'ont point de paroles pour vous reprocher votre déshonneur. »

Ainsi, mon Excellence, vous voyez clairement, si vous en êtes au passage que vous venez de lire, que je sais la raison comme par laquelle je n'ai pas épousé ma femme.

Mais tout ça, c'était rien en comparaison
des disgrâces que les cieux étaient résolus que je
souffrirais. En effet, à quelque distance de cette
époque, ma maison, qui m'appartenait d'après
un héritage que j'avais fait dernièrement, s'est
mise à brûler; j'ai appelé à l'instant même du
monde pour l'éteindre; je t'en moque : on de-
mandait où est-il le feu? Chez le déserteur, que
l'on disait tout de suite, et aucun n'avait une
pauvre goutte d'eau à mon service; si bien qu'en
moins de deux heures elle fut rasée comme par
les mains du premier barbier de mon Excellence; que c'est une horreur, quand j'y pense
tous les jours!

J'espérais cependant que je ne coucherais
pas à la belle étoile, et je m'en vais dans le vil-
lage auprès d'une connaissance que je m'avais
trouvé plusieurs fois avec; je lui expose ma po-
sition, que j'étais ruiné : insensible, on me
jette la porte au visage, en m'appelant que je
suis un lâche.

Un lâche! que je me dis, ça n'est pas vrai;

j'ai seulement obéi à mon Excellence, que j'étais le domestique. D'abord, vous le savez bien, mon général, c'est pas moi qui vous a forcé de tourner casaque ; au contraire, puisque vous m'avez ordonné que je fasse ma fortune avec vous ; mais il paraît que les deux parts étaient pour votre compte.

Cependant, sans vous mettre à l'instant même le poing sur la gorge, il faut que mon Excellence me retire des mains de notre curé, où je suis pour sonner la cloche ; et comme en état de commissionnaire, envoyez-moi demain un peu d'argent, afin d'entreprendre le voyage qui m'éloigne de vous, et j'irai dans un moment occuper la place que vous m'aurez jugé à propos.

Je suis un homme aussi bien que mon Excellence en est un autre : j'ai servi de même qu'elle a servi ; mais je ne veux pas que je sois au-dessus de mon niveau : vous devez comprendre que je n'ai guère d'ambition.

Répondez-moi : que'st-ce que c'est qu'un ministre de la marine? on dit qu'il en manque. si ça me convient, j'accepte. Mon écriture n'est peut-être pas assez rafinée, mais je prendrai un maître à mes heures de repas.

D'ailleurs, je suivrai tous les conseils que mon Excellence aura le plaisir de me faire à savoir. Nous sommes frères d'armes et nous vivrons heureux avec le bonheur de nous voir; d'autant plus qu'à Paris c'est pas comme dans la province, qu'on vous appelle traître pour un rien au lieur de vous donner une bonne place.

Vous recevrez peut-être en même temps que ma lettre, que je vous prie de me dire si elle vous a parvenu, une chanson, que notre pays en est infecté : on dit qu'elle est en question de mon Excellence, vous verrez; car moi je n'ai pas aucune connaissance dans la lecture en matières que ça rime.

AIR : *C'est là que je voudrais mourir* (BÉRANGER).

Je crois entendre, aux rives de la Loire,
De nos guerriers ordonner les adieux ;
Oublîrait-on que leur titre à la gloire
Peut balancer celui des demi-dieux ?
Hommes rampans, les vengeances divines
Ont éclairé cent jours de désarroi ;
Déjà Wagram a fait place à Bovines :
    Allez baiser les pieds du Roi !...

Quand les destins, à nos voix moins rebelles,
Montraient jadis la gloire aux trois couleurs,
Avec orgueil, esclaves infidèles,
Vous y marchiez sur des routes de fleurs.
Mais Saint-Chaumont, fertile en funérailles,
De vos sermens peut démentir la foi :
Vous avez vu s'écrouler nos murailles :
    Allez baiser les pieds du Roi !

Ces lys brillans qui viennent de renaître,
Un preux jadis les brisa devant nous ;
Lorsqu'à vos yeux il commandait en maître,
Vils courtisans, vous baisiez ses genoux.
Mais il n'est plus, mariez vos fanfares
Au son plaintif d'un sinistre beffroi ;
L'aigle est tombé sous le fer des barbares :
    Allez baiser les pieds du Roi !

J'ai l'honeur de vous saluer,

                JEAN-FRANÇOIS GIBLOUX.

A propos, j'oubliais de vous faire part que j'en ai encore
une autre ; je vous la fais passer toute de même que la première dans ma lettre.

M'AIMERIEZ-VOUS, SI J'ÉTAIS ROI?

Air : *Mes amis, faites comme moi.*

Une couronne, au banquet de la vie,
Sut m'éblouir par sa noble splendeur ;
Mais c'est en vain que mon âme ravie
D'un fol espoir savoura la grandeur.
Ah ! sur le char de l'altière puissance
Aucun blason ne brillera pour moi.
Mes vieux amis, je n'ai pas de naissance,
    M'aimeriez-vous, si j'étais roi ?

Sur le passé jetant un œil sévère,
Je m'apprendrais à sauver l'avenir.
Des potentats dont la gloire fut mère,
Je garderais le moindre souvenir.
Un vile flatteur, jamais en ma présence
N'insulterait Wagram ou Fontenoy.
Mes vieux amis, je n'ai pas de naissance,
    M'aimeriez-vous, si j'étais roi ?

Sans rappeler les croyances proscrites,
J'applaudirais aux faux comme aux vrais dieux ;
Mais de chacun, à des bornes prescrites
J'attacherais l'autel ambitieux.
Un fils du ciel, dans l'arche d'alliance,
Au poids de l'or ne vendra plus sa foi.
Mes vieux amis, je n'ai pas de naissance,
    M'aimeriez-vous, si j'étais roi ?

Le fanatisme est facile à combattre ,
Je frapperais lorsqu'il n'est que rampant ;
Et dans son sein que la haine fait battre ,
J'étonfferais le venin qu'il répand.
Sur ses débris la vieille intolérance
Irait mourir pour venger votre effroi.
Mes vieux amis , je n'ai pas de naissance ,
    M'aimeriez-vous , si j'étais roi ?

Dans un combat , je verrais un supplice ;
Pour l'éviter , si j'étais impuissant ,
Combien de fois , avant d'entrer en lice ,
De mes soldats pèserais-je le sang !
Jamais un père , avec indifférence ,
De ses enfans a–t–il vu le convoi !
Mes vieux amis , je n'ai pas de naissance ,
    M'aimeriez-vous , si j'étais roi ?

Si , pour régner au nom de ses ancêtres ,
Quelque héros venait me provoquer ,
De vrais sujets ne veulent pas deux maîtres ,
C'est dans leur bras que j'irais abdiquer.
Jamais mon sceptre , ennemi de la France ,
Ne deviendrait le marteau d'un beffroi.
Mes vieux amis , je n'ai pas de naissance ,
    M'aimeriez-vous , si j'étais roi ?

                Ch. L.....

FIN.

IMPRIMERIE DE F. LOCQUIN,
rue Notre-Dame-des-Victoires, n°. 16.